U0164541

心一堂術數古籍珍本叢刊

書名：家傳三元地理秘書十三種 附秘文三篇

系列：心一堂術數古籍珍本叢刊 堪輿類 蔣徒張仲馨三元真傳系列

第二輯 180

作者：【清】汪云吾、劉樂山編註

主編、責任編輯：陳劍聰

心一堂術數古籍珍本叢刊編校小組：陳劍聰 素聞 梁松盛 鄒偉才 虛白盧主

出版：心一堂有限公司

地址/門市：香港九龍旺角西洋菜南街五號好望角大廈一〇〇三室

電話號碼：+852-6715-0840 +852-6633-7949

網址：sunyata.cc

電郵：publish.sunyata.cc

sunyatabook@gmail.com

網上書店：http://book.sunyata.cc

網上論壇：http://bbs.sunyata.cc/

版次：二零一七年二月初版

平裝

國際書號：ISBN 978-988-8317-48-6

定價： 港幣 三百八十元正

新台幣 一千四百九十八元正

版權所有 翻印必究

香港及海外發行：香港聯合書刊物流有限公司

地址：香港新界大埔汀麗路三十六號中華商務印刷大廈三樓

電話號碼：+852-2150-2100

傳真號碼：+852-2407-3062

電郵：info@suplogistics.com.hk

台灣發行：秀威資訊科技股份有限公司

地址：台灣台北市內湖區瑞光路七十六巷六十五號一樓

電話號碼：+886-2-2796-3638

傳真號碼：+886-2-2796-1377

網絡書店：www.bodbooks.com.tw

台灣讀者服務中心：國家書店

地址：台灣台北市中山區松江路二〇九號一樓

電話號碼：+886-2-2518-0207

傳真號碼：+886-2-2518-0778

網絡書店：http://www.govbooks.com.tw/

中國大陸發行・零售：心一堂書店

深圳地址：中國深圳羅湖立新路六號東門博雅負一層零零八號

電話號碼：+86-755-8222-4934

北京地址：中國北京東城區雍和宮大街四十號

心一店淘寶網：http://sunyatacc.taobao.com

心一堂術數古籍 珍本 整理 叢刊 總序

術數定義

術數，大概可謂以「推算（推演）、預測人（個人、群體、國家等）、事、物、自然現象、時間、空間方位等規律及氣數，並或通過種種『方術』，從而達致趨吉避凶或某種特定目的」之知識體系和方法。

術數類別

我國術數的內容類別，歷代不盡相同，例如《漢書·藝文志》中載，漢代術數有六類：天文、曆譜、五行、蓍龜、雜占、形法。至清代《四庫全書》，術數類則有：數學、占候、相宅相墓、占卜、命書、相書、陰陽五行、雜技術等，其他如《後漢書·方術部》、《藝文類聚·方術部》、《太平御覽·方術部》等，對於術數的分類，皆有差異。古代多把天文、曆譜、及部分數學均歸入術數類，而民間流行亦視傳統醫學作為術數的一環；此外，有些術數與宗教中的方術亦往往難以分開。現代民間則常將各種術數歸納為五大類別：命、卜、相、醫、山，通稱「五術」。

本叢刊在《四庫全書》的分類基礎上，將術數分為九大類別：占筮、星命、相術、堪輿、選擇、三式、讖諱、理數（陰陽五行）、雜術（其他）。而未收天文、曆譜、算術、宗教方術、醫學。

術數思想與發展——從術到學，乃至合道

我國術數是由上古的占星、卜筮、形法等術發展下來的。其中卜筮之術，是歷經夏商周三代而通過「龜卜、蓍筮」得出卜（筮）辭的一種預測（吉凶成敗）術，之後歸納並結集成書，此即現傳之《易

經》。經過春秋戰國至秦漢之際，受到當時諸子百家的影響、儒家的推崇，遂有《易傳》等的出現，原本是卜筮術書的《易經》，被提升及解讀成有包涵「天地之道（理）」之學。因此，《易·繫辭傳》曰：「易與天地準，故能彌綸天地之道。」

漢代以後，易學中的陰陽學說，與五行、九宮、干支、氣運、災變、律曆、卦氣、讖緯、天人感應說等相結合，形成易學中象數系統。而其他原與《易經》本來沒有關係的術數，如占星、形法、選擇，亦漸漸以易理（象數學說）為依歸。《四庫全書·易類小序》云：「術數之興，多在秦漢以後。要其旨，不出乎陰陽五行，生尅制化。實皆《易》之支派，傅以雜說耳。」至此，術數可謂已由「術」發展成「學」。

及至宋代，術數理論與理學中的河圖洛書、太極圖、邵雍先天之學及皇極經世等學說給合，通過術數以演繹理學中「天地中有一太極，萬物中各有一太極」（《朱子語類》）的思想。術數理論不單已發展至十分成熟，而且也從其學理中衍生一些新的方法或理論，如《梅花易數》、《河洛理數》等。

在傳統上，術數功能往往不止於僅作為趨吉避凶的方術，及「能彌綸天地之道」的學問，亦有其「修心養性」的功能，「與道合一」（修道）的內涵。《素問·上古天真論》：「上古之人，其知道者，法於陰陽，和於術數。」數之意義，不單是外在的算數、歷數、氣數，而是與理學中同等的「道」、「理」——心性的功能，北宋理氣家邵雍對此多有發揮：「聖人之心，是亦數也」、「萬化萬事生乎心」、「心為太極」。《觀物外篇》：「先天之學，心法也。……蓋天地萬物之理，盡在其中矣，心一而不分，則能應萬物。」反過來說，宋代的術數理論，受到當時理學、佛道及宋易影響，認為心性本質上是等同天地之太極。天地萬物氣數規律，能通過內觀自心而有所感知，即是內心也已具備有術數的推演及預測、感知能力；相傳是邵雍所創之《梅花易數》，便是在這樣的背景下誕生。

《易·文言傳》已有「積善之家，必有餘慶；積不善之家，必有餘殃」之說，至漢代流行的災變說及讖緯說，我國數千年來都認為天災，異常天象（自然現象），皆與一國或一地的施政者失德有關；下

至家族、個人之盛衰，也都與一族一人之德行修養有關。因此，我國術數中除了吉凶盛衰理數之外，人心的德行修養，也是趨吉避凶的一個關鍵因素。

術數與宗教、修道

在這種思想之下，我國術數不單只是附屬於巫術或宗教行為的方術，又往往是一種宗教的修煉手段-通過術數，以知陰陽，乃至合陰陽（道）。「其知道者，法於陰陽，和於術數。」例如，「奇門遁甲」術中，即分為「術奇門」與「法奇門」兩大類。「法奇門」中有大量道教中符籙、手印、存想、內煉的內容，是道教內丹外法的一種重要外法修煉體系。甚至在雷法一系的修煉上，亦大量應用了術數內容。此外，相術、堪輿術中也有修煉望氣（氣的形狀、顏色）的方法；堪輿家除了選擇陰陽宅之吉凶外，也有道教中選擇適合修道環境（法、財、侶、地中的地）的方法，以至通過堪輿術觀察天地山川陰陽之氣，亦成為領悟陰陽金丹大道的一途。

易學體系以外的術數與的少數民族的術數

我國術數中，也有不用或不全用易理作為其理論依據的，如揚雄的《太玄》、司馬光的《潛虛》。也有一些占卜法、雜術不屬於《易經》系統，不過對後世影響較少而已。

外來宗教及少數民族中也有不少雖受漢文化影響（如陰陽、五行、二十八宿等學說。）但仍自成系統的術數，如古代的西夏、突厥、吐魯番等占卜及星占術，藏族中有多種藏傳佛教占卜術、苯教占卜術；北方少數民族有薩滿教占卜術；不少少數民族如水族、白族、布朗族、佤族、彝族、苗族等，皆有占雞（卦）草卜、雞蛋卜等術，納西族的占星術、占卜術，彝族畢摩的推命術、占卜術……等等，都是屬於《易經》體系以外的術數。相對上，外國傳入的術數以及其理論，對我國術數影響更大。

曆法、推步術與外來術數的影響

我國的術數與曆法的關係非常緊密。早期的術數中，很多是利用星宿或星宿組合的位置（如某星在某州或某宮某度）付予某種吉凶意義，并據之以推演，例如歲星（木星）、月將（某月太陽所躔之宮次）等。不過，由於不同的古代曆法推步的誤差及歲差的問題，若干年後，其術數所用之星辰的位置，已與真實星辰的位置不一樣了；此如歲星（木星），早期的曆法及術數以十二年為一周期（以應地支），與木星真實周期十一點八六年，每幾十年便錯一宮。後來術家又設一「太歲」的假想星體來解決，是歲星運行的相反，週期亦剛好是十二年。而術數中的神煞，很多即是根據太歲的位置而定。又如六壬術中的「月將」，原是立春節氣後太陽躔娵訾之次而稱作「登明亥將」，至宋代，因歲差的關係，要到雨水節氣後太陽才躔娵訾之次，當時沈括提出了修正，但明清時六壬術中「月將」仍然沿用宋代沈括修正的起法沒有再修正。

由於以真實星象周期的推步術是非常繁複，而且古代星象推步術本身亦有不少誤差，大多數術數除依曆書保留了太陽（節氣）、太陰（月相）的簡單宮次計算外，漸漸形成根據干支、日月等的各自起例，以起出其他具有不同含義的眾多假想星象及神煞系統。唐宋以後，我國絕大部分術數都主要沿用這一系統，也出現了不少完全脫離真實星象的術數，如《子平術》、《紫微斗數》、《鐵版神數》等。後來就連一些利用真實星辰位置的術數，如《七政四餘術》及選擇法中的《天星選擇》，也已與假想星象及神煞混合而使用了。

隨着古代外國曆（推步）、術數的傳入，如唐代傳入的印度曆法及術數，元代傳入的回回曆等，其中我國占星術便吸收了印度占星術中羅睺星、計都星等而形成四餘星，又通過阿拉伯占星術而吸收了其中來自希臘、巴比倫占星術的黃道十二宮、四大（四元素）學說（地、水、火、風），並與我國傳統的二十八宿、五行說、神煞系統並存而形成《七政四餘術》。此外，一些術數中的北斗星名，不用我國傳統的星名：天樞、天璇、天璣、天權、玉衡、開陽、搖光，而是使用來自印度梵文所譯的：貪狼、巨

門、祿存、文曲、廉貞、武曲、破軍等，此明顯是受到唐代從印度傳入的曆法及占星術所影響。如星命術中的《紫微斗數》及堪輿術中的《撼龍經》等文獻中，其星皆用印度譯名。及至清初《時憲曆》，置閏之法則改用西法「定氣」。清代以後的術數，又作過不少的調整。

此外，我國相術中的面相術、手相術，唐宋之際受印度相術影響頗大，至民國初年，又通過翻譯歐西、日本的相術書籍而大量吸收歐西相術的內容，形成了現代我國坊間流行的新式相術。

陰陽學——術數在古代、官方管理及外國的影響

術數在古代社會中一直扮演着一個非常重要的角色，影響層面不單只是某一階層、某一職業、某一年齡的人，而是上自帝王，下至普通百姓，從出生到死亡，不論是生活上的小事如洗髮、出行等，大事如建房、入伙、出兵等，從個人、家族以至國家，從天文、氣象、地理到人事、軍事，從民俗、學術到宗教，都離不開術數的應用。我國最晚在唐代開始，已把以上術數之學，稱作陰陽（學），行術數者稱陰陽人。（敦煌文書、斯四三二七唐《師師漫語話》：「以下說陰陽人謾語話」，此說法後來傳入日本，今日本人稱行術數者為「陰陽師」）。一直到了清末，欽天監中負責陰陽術數的官員中，以及民間術數之士，仍名陰陽生。

古代政府的中欽天監（司天監），除了負責天文、曆法、輿地之外，亦精通其他如星占、選擇、堪輿等術數，除在皇室人員及朝庭中應用外，也定期頒行日書、修定術數，使民間對於天文、日曆用事吉凶及使用其他術數時，有所依從。

我國古代政府對官方及民間陰陽學及陰陽官員，從其內容、人員的選拔、培訓、認證、考核、律法監管等，都有制度。至明清兩代，其制度更為完善、嚴格。

宋代官學之中，課程中已有陰陽學及其考試的內容。（宋徽宗崇寧三年〔一一零四年〕崇寧算學令：「諸學生習……並曆算、三式、天文書。」「諸試……三式即射覆及預占三日陰陽風雨。天文即預

定一月或一季分野災祥，並以依經備草合問為通。」

金代司天臺，從民間「草澤人」（即民間習術數人士）考試選拔：「其試之制，以《宣明曆》試推步，及《婚書》、《地理新書》試合婚、安葬，並《易》筮法，六壬課、三命、五星之術。」（《金史》卷五十一・志第三十二・選舉一）

元代為進一步加強官方陰陽學對民間的影響、管理、控制及培育，除沿襲宋代、金代在司天監掌管陰陽學及中央的官學陰陽學課程之外，更在地方上增設陰陽學課程（《元史・選舉志一》：「世祖至元二十八年夏六月始置諸路陰陽學。」）地方上也設陰陽學教授員，培育及管轄地方陰陽人。（《元史・選舉志一》：「（元仁宗）延祐初，令陰陽人依儒醫例，於路、府、州設教授員，凡陰陽人皆管轄之，而上屬於太史焉。」）自此，民間的陰陽術士（陰陽人），被納入官方的管轄之下。

至明清兩代，陰陽學制度更為完善。中央欽天監掌管陰陽學，明代地方縣設陰陽學正術，各州設陰陽學典術，各縣設陰陽學訓術。陰陽人從地方陰陽學肄業或被選拔出來後，再送到欽天監考試。（《大明會典》卷二二三：「凡天下府州縣舉到陰陽人堪任正術等官者，俱從吏部送（欽天監），考中，送回選用；不中者發回原籍為民，原保官吏治罪。」）清代大致沿用明制，凡陰陽術數之流，悉歸中央欽天監及地方陰陽官員管理、培訓、認證。至今尚有「紹興府陰陽印」、「東光縣陰陽學記」等明代銅印，及某縣某某之清代陰陽執照等傳世。

清代欽天監漏刻科對官員要求甚為嚴格。《大清會典》「國子監」規定：「凡算學之教，設肄業生。滿洲十有二人，蒙古、漢軍各六人，於各旗官學內考取。漢十有二人，於舉人、貢監生童內考取。附學生二十四人，由欽天監選送。教以天文演算法諸書，五年學業有成，舉人引見以欽天監博士用，貢監生童以天文生補用。」學生在官學肄業、貢監生肄業或考得舉人後，經過了五年對天文、算法、陰陽學的學習，其中精通陰陽術數者，會送往漏刻科。而在欽天監供職的官員，《大清會典則例》「欽天監」規定：「本監官生三年考核一次，術業精通者，保題升用。不及者，停其升轉，再加學習。如能黽

勉供職，即予開復。仍不及者，降職一等，再令學習三年，能習熟者，准予開復，仍不能者，黜退。」除定期考核以定其升用降職外，《大清律例》中對陰陽術士不準確的推斷（妄言禍福）是要治罪的。《大清律例·一七八·術七·妄言禍福》：「凡陰陽術士，不許於大小文武官員之家妄言禍福，違者杖一百。其依經推算星命卜課，不在禁限。」大小文武官員延請的陰陽術士，自然是以欽天監漏刻科官員或地方陰陽官員為主。

官方陰陽學制度也影響鄰國如朝鮮、日本、越南等地，一直到了民國時期，鄰國仍然沿用着我國的多種術數。而我國的漢族術數，在古代甚至影響遍及西夏、突厥、吐蕃、阿拉伯、印度、東南亞諸國。

術數研究

術數在我國古代社會雖然影響深遠，「是傳統中國理念中的一門科學，從傳統的陰陽、五行、九宮、八卦、河圖、洛書等觀念作大自然的研究。……傳統中國的天文學、數學、煉丹術等，要到上世紀中葉始受世界學者肯定。可是，術數還未受到應得的注意。術數在傳統中國科技史、思想史、文化史、社會史，甚至軍事史都有一定的影響。……更進一步了解術數，我們將更能了解中國歷史的全貌。」（何丙郁《術數、天文與醫學中國科技史的新視野》，香港城市大學中國文化中心。）

可是術數至今一直不受正統學界所重視，加上術家藏秘自珍，又揚言天機不可洩漏，「（術數）乃吾國科學與哲學融貫而成一種學說，數千年來傳衍嬗變，或隱或現，全賴一二有心人為之繼續維繫，賴以不絕，其中確有學術上研究之價值，非徒癡人說夢，荒誕不經之謂也。其所以至今不能在科學中成立一種地位者，實有數因。蓋古代士大夫階級目醫卜星相為九流之學，多恥道之；而發明諸大師又故為恓恍迷離之辭，以待後人探索；間有一二賢者有所發明，亦秘莫如深，既恐洩天地之秘，復恐譏為旁門左道，始終不肯公開研究，成立一有系統說明之書籍，貽之後世。故居今日而欲研究此種學術，實一極困難之事。」（民國徐樂吾《子平真詮評註》，方重審序）

現存的術數古籍，除極少數是唐、宋、元的版本外，絕大多數是明、清兩代的版本。其內容也主要是明、清兩代流行的術數，唐宋或以前的術數及其書籍，大部分均已失傳，只能從史料記載、出土文獻、敦煌遺書中稍窺一鱗半爪。

術數版本

坊間術數古籍版本，大多是晚清書坊之翻刻本及民國書賈之重排本，其中豕亥魚魯，或任意增刪，往往文意全非，以至不能卒讀。現今不論是術數愛好者，還是民俗、史學、社會、文化、版本等學術研究者，要想得一常見術數書籍的善本、原版，已經非常困難，更遑論如稿本、鈔本、孤本等珍稀版本。在文獻不足及缺乏善本的情況下，要想對術數的源流、理法、及其影響，作全面深入的研究，幾不可能。

有見及此，本叢刊編校小組經多年努力及多方協助，在海內外搜羅了二十世紀六十年代以前漢文為主的術數類善本、珍本、鈔本、孤本、稿本、批校本等數百種，精選出其中最佳版本，分別輯入兩個系列：

一、心一堂術數古籍珍本叢刊
二、心一堂術數古籍整理叢刊

前者以最新數碼（數位）技術清理、修復珍本原本的版面，更正明顯的錯訛，部分善本更以原色彩色精印，務求更勝原本。并以每百多種珍本，一百二十冊為一輯，分輯出版，以饗讀者。

後者延請、稿約有關專家、學者，以善本、珍本等作底本，參以其他版本，古籍進行審定、校勘、注釋，務求打造一最善版本，方便現代人閱讀、理解、研究等之用。

限於編校小組的水平，版本選擇及考證、文字修正、提要內容等方面，恐有疏漏及舛誤之處，懇請方家不吝指正。

心一堂術數古籍　珍本　整理　叢刊編校小組

二零零九年七月序
二零一四年九月第三次修訂

註三字青囊經序

三字青囊經○姓名不著世代無傳○相傳玄女所傳○誕不足信○然其書辭簡而廣大悉備○文約而體用俱周○實地理之正宗堪輿之鼻祖○舊有傳文○向稱赤松子所撰○義與經旨率不相合○蓋後之無知妄作而偽托焉者也○而世共秘為金科寶為王律莫知其非○益裝千載矣○吾友云吾汪子○學貫典墳○洞徹義文妙理○心通邱索深明河洛淵源○見真經而心符神會○探驪獨得領珠覽○偽傳而剖贗鑒詫懸鏡○輒呈妖魅於是屏除瞽說○黜去偽言○獨自研窮恍似蠶叢○初闢重為詮解○始見面目本來從此權衡正

藜照堂傳

自研窮恍似蠶叢○初闢重為詮解○始見面目本來從此權衡正

義燎如引掌觀文海角玄言恍似披雲觀日有大象缺小象周

易奚明有素王無素豆麟經終晦作者為聖述者為賢闡前人

久失之秘機功何偉也杜後世習趨之邪徑德莫大焉不揣鄙

陋聊誌数言以明公好云爾

　　　旹

乾隆九年歲次甲子初夏後覺子〔印〕樂山氏撰〔印〕

〔印〕

現海角二字意蓋在平洋也

九天玄女青囊海角權衡三

雲間云吾子汪宜耀士雲氏註

正經

法五子者謂歷候甲子丙子戊子庚子壬子五行皆
始於子辰故法之而以一白為最上也後人惧認遂
有分金之説遁八門者八卦有室有門室為本門
為求而當令之卦不屬於室反屬於門故謂之遁也
後人惧認遂有遁祿馬貴人之卦
以其方而言則甬出乎震以其物言則雷在地中

天德純数乃遵　精炁従天
理順逆萬機神　一二三〇九八七
六甲運五賦行　各乗旺炁以布於四旁
法五子遁八門　最重是一白右乗一白之
　之門也　餘倣此
佈雷使察金精　金精謂水雷為陰中之陽
　　故取以明水中之龍

皆迎心見天陽為地之所藴故特聚○於使○○○必於金精察之也金精謂水而本諸天○雷使謂天而寓諸地語意極精○法五○道八門謂局○○佈雷使察金精謂來○

審卦氣○統於卦也推三吉卦○統於元也前言佈雷使此云震逆行語意已顯後人惧認遠有天父地母翻卦之説大抵前人言地理極精微極易簡後人言地理極猥雜極支離以元星配九宮似乎假借而宗非也九星主萬國九州豈於九宮之数反不可循其序以配之合八門合字○遁字尤顯

理氣經

御五○攝九靈○○五星九星皆以太極統御

鋤畔逆超神英○之妙○謂生尅制化有○輔相裁成

位生○真宅靈○猶云宅神

審○卦氣配九星○○不講十二辰○只講八卦○

推三吉合八門○明言一二三為上元吉神九為下元吉神所謂理氣也○○四五六為中元吉神七八必合○門八

地母變上化升○○交動尅不如動必不能上而○而化

恩妙○○地母謂地氣交變謂因水上而

前言理順逆佈雷使山云震逆行語意已顯

長男震○下逆行○
下行○即是逆行以知也○
二○三與地之○如○八○如合○同○
也○如化○

即然無吉凶定○定然後分方辨位而識龍
言氣團於形不待穴場既
之吉
凶也

星巒經

方尖圓動直行○所謂星巒也○
土方火尖金圓水動木直

峙逓迤流平溥○一言山一言水

四望歸○謂四勢皆合○

八方層○謂重○包裏○

或圓或匾或折或方不假人為是為怪異惟怪異故

即龍神居之若橫過直過即與平常之地同其形勢

而龍神漁散矣

行○怪○異○秘○內○神　性異猶異書神初特也

背○幽○關○迎○陽○明　陽必勲明

即坐辰向旺也　幽必勲關

青囊三字經　終

第一節 括盡地理之秘○

葬經

晉 弘農守郭[璞]

雲間云吾子汪宜耀士雲氏註

葬者○○○○也○
逆天而下降復逆地而上升

五氣行乎地中發而生乎萬物人受體於

父母本骸得氣遺體受蔭經曰、氣感而應○

鬼福及人○

是以銅山西崩靈鐘東應○木華於春栗芽

於室○

祖宗之骨原係先天之生氣結胎故能復受天地之
生氣以蔭子孫

益生者氣之聚凝結者成骨死而獨留故
葬者反氣納骨以蔭所生之理也

右第一章言陰基感應之理

夫陰陽之氣噫而為風升而為雲降而為
雨行乎地中而為生氣經曰氣乘風則散
界水則止

何以言之氣之盛雖流行而其餘者猶有
止雖零散而其深者猶有聚

風水之法得水為上藏風次之次之言不
可忽視

言山地先看向前之水平洋先看坐後之水以聴結
次即看其藏風與否也
平洋貴得水山地貴藏
風此節即醒心篇所云十山不反一平洋也山靜水
動故水之力尤速尤大尤奇
止謂息向流神零散是正結之翼衛零散處云有堂
足之所二者皆平洋地氣充足之故

家秋本

邱壠謂平原岡阜謂山頂骨與支皆指石脉記

突而為石坼而為水皆土之形也此節統承上文

山地帶土之石亦有然平洋有突之土必有水節

占統承上文以明葬凥得水之可貴

外惡謂天陽內氣謂水石形昂內惡之形生即外惡

之生二句曲盡交媾之妙

邱壠之骨岡阜之支與氣之所隨

經曰土形氣行物因以生

夫土者氣之體有土斯有氣氣者水之母

有氣斯有水

經曰外氣行形內氣止生益言此也

右第二章言水石各有行止

夫氣行乎地中其行也因地之勢其聚也

因勢之止

蔡者原其起乘其止

蔡照堂傳

欲進而却謂山穴龍虎前進而環抱○
欲止而深謂水穴龍窠深蓄○

地勢原脉謂水　山勢原骨謂石　委蛇東西○

或為南北○

千尺為勢百尺為形○

勢來形止是謂全氣全氣之地當葬其止○

宛委自復回環重複謂龍虎○

若蹕而侯也謂山穴○若攬而有也謂水穴○

欲進而却欲止而深○

來積止聚水冲陽山和陰水○

迚高水深鬱草茂林吉地之驗貴若千

家秘本

(二四)

此承上章行止而言形勢以積聚為沖和之驗○（

地以本骬訓土以起脈訓支謂石骬○

形動謂結穴動處即止處回複終始謂龍虎之象與
出脈同

乘富如萬金○

經曰、形止氣蓄化生萬物為上地也○

右第三章、

地貴平夷土貴有支○

支之而起氣隨而始支之所終氣隨而鍾○

觀支之法隱隱隆隆微妙玄通吉在其中○

經曰、地有吉氣土隨而起支有止氣隨水○

而比勢順形動回復終始法葬其中永吉

無凶○

蔡照堂傳

形勢不經氣脫如逐　如逐言本馳不已

土圭測其方位玉尺度其遠邇

乘其所來審其所廢裹敗　擇其所相生旺

乘金相水穴土印木　即大玄空五行

外藏八風內秘五行

避其所害

龍虎抱衛主客相迎

微妙在智觸類而長

是以君子奪神工改天命

審廢擇相即坐裹向旺之義來謂龍脈清真害謂朝
應凶應上二句以坐言下二句以向言次序甚精

乘據也○血結穴之地山則豎看帶圓水則橫看帶灣
即當據此定向不可傾斜○斜乃謂乘金也相察也五向
之後當察其土土非水無以細濬必細潤而後為真○
地所謂相水也古言金魚蟬翼乃細潤之義文如○如
俗多悮解土真而後鑿穴○穴土謂金井必方也印合
也腦後受真來之氣以周於象似木星也金土以○
形言故可乘可內水木以性言故宜察宜印○火此四
者而生之為火在其中矣○

山水一倒水之頑金頑土即童山也靜水即斷也
蔡謂之水即石山也擺頭不止即過山也一鈎一曲
四面無環衛即獨山也

經曰葬山之㳀若呼谷中言應速也

右第四章言山龍

山之不可葬者五○氣以生和而童山不可

葬也○

氣因形来而斷山不可葬也○

氣曰土行而石山不可葬也○

氣以勢止而過山不可葬也○

氣以龍會而獨山不可葬也○

經曰童斷石過獨生新凶消已福○

其原自天言發脉於絕頂水波馬馳言屏帳重疊

來脉宜動結穴宜静本言其動尾言其静萬膳言

向前應星若臺以下皆言結穴地形

朝海拱辰二者皆喻天光之向穴。

上地之山若伏若連其原自天若水之波

若馬之馳其來若奔其止若屍若懷萬寶

而燕息若其萬膳而潔齋若臺之鼓若器

之睊若龍若彎或騰或蟠禽伏獸蹲若萬

乘之尊也

天光發新朝海拱辰　星四勢 即四獸　端

明五害 即五不葵 不親十一不具 言十之

中有一不具　是謂其次

右第五章　明山龍之高下

主客同情真穴難辨

来不来坦中裁生不似平庸取如掌之義也　韓御黃

平洋必擇涸燥而葬之山地平原必擇坦夷而葬之

夫人之藝益亦難矣支謂石脈壠謂平岡

之辨眩目惑心禍福之差侯虜以分

夫重岡叠阜謂小羣壠衆支謂地當擇其

特大則特小小則特大

形參勢雜主客同情所不葬也

夫支欲伏於地中言山地壠欲峙於地上

原言平

支壠之止平夷如掌

故藏於涸燥者宜淺藏於坦夷者宜深

此節引經之言山龍首以包水龍而下文遂專言水龍也

鼻顙吉昌即歸厚錄所云圖葬其口也鼻顙居中角目則偏耳致侯王即所謂方葵其耳也以真顙推之

唇必遠水脫氣

凡地局各有前後左右不專指坎離震兌天元歌云

本山定是結盡頭是言山龍今與翔舞對是言水龍

翔舞謂曲水則盡頭為穴後低矣古多攀龍格葬矣

以曲水屬朱雀蜒蜒馴順皆穩貼之稱

経曰淺深得乘○風水自成○

右第六章　言山地及平原

経曰勢止形昂○前澗後岡○龍首之藏○

鼻顙吉昌○角目滅亡○耳致侯王○唇死兵傷○

宛而中蓄○謂之龍腹○其臍謂止水○深曲必○

後世福○傷其胸脇○謂貼身有湧道○朝穴暮○

哭○

夫墓以左為青龍○右為白虎○前為朱雀○後○

為玄武○玄武垂頭○朱雀翔舞○青龍蜒蜒○白

扁卹順　此承龍腹而記

形勢反此法當破死故虎蹲謂之啣屍龍

踞謂之嫉主玄武不垂頭者拒屍朱雀不

翔舞者騰去　不翔舞謂硬直也

夫以支為龍虎者来止跡乎岡阜要如肘

臂謂之環抱

以水為朱雀者衰旺係乎形應忌夫湍激

謂之悲泣

朱雀源於生旺流於囚謝

此即山龍以例水龍

攀龍只作形應看

朱雀隱指坎龍向前之水言言本諸生旺之氣以流

山衰謝之水

謂通行曲水不必以西為源以東為流觀此二句可
知朝於大旺澤於將衰二句的係三合家杜撰添入

法每一折瀦而後洩揚揚悠悠顧我欲
留、謂曲水

其来無源其去無流

經曰地有四勢氣從八方○四勢行龍八龍

施生

右第七章、言水龍

夫土欲細而堅潤而不澤裁肪切玉備具
五色　備具五色惟山穴有之

夫乾如穴粟濕如割肉水泉砂礫皆為凶

穴粟穴於粟也○山土不堅不細有似乎粟割肉謂據
兆如割肉也不潤而至於澤則如割肉矣

外氣是向上之氣也○此言山穴之所以細而堅潤而
不澤者以內氣之聚來親之止也承上即以起下
外無以聚言向上八尺或雜也○

宅○歸厚錄云山若離骨水泉砂礫

夫○外氣所以○聚內氣過水所以止來龍

千尺之勢宛委頓息外無以聚內氣散於

地中經曰不蓄之地腐骨之藏也

夫噫氣為能散生氣龍虎所以衛區穴疊

叠中卓左空右缺前曠後折生氣散於飄

風經曰騰漏之穴敗椰之藏也

右第八章 此節言穴地即山法以例平洋

占山之法以勢為難而形次之方又次之

藜照堂傳

勢如萬馬自天而下其塟王者〇

勢如巨浪重嶺疊嶂千乘之塟〇

勢如降龍水遶雲從爵祿三公〇

勢如重屋茂艸喬木開府建國〇

勢如驚蛇屈曲徐斜減國亡家〇

勢如戈矛兵死刑囚〇

勢如流水生人皆鬼〇

形如負扆有壠中峙法塟其止王侯崛起〇

形如燕窠法塟其四胅土分茅〇

形如側壘後岡遠來前應回曲九棘三槐〇

形如覆釜其巔可富〇

形如植冠永昌且歡〇

形如投笄百事昏亂〇形如亂系姤女婬妻〇

形如灰囊災舍焚倉〇

形如橫几子滅身死〇形如覆舟女病男亗〇

形如仰刀凶禍難逃〇形如臥劍誅夷偪僭〇

夫牛臥馬馳鴛舞鳳飛蛇龍委蛇龜鼈魚〇

鱉以水別之牛富鳳貴騰蛇凶危形類百〇

蔡照堂傳

穴形宜靜不宜動四面應星然

此節言元運藏神合朔謂水中有龍神與向上之龍
氣相合神迎鬼避即收山出煞

益下謂再加開鑿

動葬皆非宜四應前案法同忌之

右第九章　言形勢

經曰山來水回貴壽財豐山囚水流虜王

滅侯

益穴有三吉葬有六凶

天光下臨地德上載藏神合朔神迎鬼避

一吉也

陰陽冲和五土四備二吉也

即加之巧工力之具趨全避缺增高益下

家秘本

三吉也〇

陰陽差錯為一凶〇 謂來脉出卦

歲時乘廢為二凶〇

力小圖大為三凶〇

憑福恃勢為四凶〇

借上逼下為五凶〇

變應怪見為六凶〇

經曰六吉葬凶與棄屍同〇

右第十章 言吉凶〇

郭公之前有青烏經狐首經黃石公青
囊經書中所引是也爾時知元運者多
故在所畧而於龍脈星體特詳然在一
行之後亦稍〻訛舛矣特加釐訂使讀
者一見了然未始非古今一快事〇

乾隆甲子春莫云吾子記

郭氏藝經終

改註遍地鈐序

華溪樂山劉子。好學深思之士也。經史之暇。旁及堪輿其學一
宗蔣氏。外此百家之書。靡不窮搜而探討之。凡正經之玄言奧
義。固深之以鏤精抉髓。即雜說之殘編斷簡。亦重之以別偽鈞
真。如楊公遍地鈐。蔣公固心契之。而未經註也。葉氏漫加詮釋
其說辭多掊拾。義非經旨。劉子慮邪說之害正也。而為之釐正
焉。屏除瞽說。自出真詮。黜去偽言。獨申密諦。入曲探微窮源達
委。發楊公腦外腦內之玄。續蔣氏辨正辨偽之緒。非好學深思
之士。烏能勝任而逾快乎。歗堤云。吾汪子。是深得蔣氏之秘而

善註蔣氏之書者予嘗厠蔣氏之門恒思裁僞續真闡前啟後

而才踈學淺孤掌難鳴今幸同志之有人寧非天欲昌明斯道

而誕厥兩顧耶茲以斯言質諸汪子不知汪子以為然否

昔

乾隆九年歲次甲子季夏牧城後學韓建中御黃氏拜手題

校正遍地鈐註序

遍地鈐註出葉九升氏九升搜羅地理諸書二一詮釋彙梓行

世名曰大成其意蓋以集大成自居也予觀其所集書則真偽

雜陳不知去取察其所撰註則訛謬乘錯有悖經旨我知其於

斯道實未得真傳正義故於真機密諦茫乎其未曉也此篇刻

為平洋之冠予惟以楊公經天緯地之書而遭不學無術之人

附以臆解泰以邪說世之讀此書者莫不奉為著蔡而不知其

說之謬其害可勝道哉予幸得蔣氏之真傳故能契公諦於世

遠年湮今讀公之書無異與公晤對一室相視莫逆不為刪訂

偽註即公書為邪說所亂而正義不彰於是筆其是而削其非

通其塞而補其闕廓幾闡發公之真旨用示後學津梁所愧者

文藝未工難狀浪花漾月之妙義筆墨荒落未傳水邊花發之

玄微但以詒我後人曷敢示諸當世深懼天機之輕洩秘之金

匱以傳家因書數語以請正於汪韓兩同志焉

　　　旹

乾隆甲子長夏後覺子樂山氏筆記

遍地鈐

雲間後覺子劉仁樂山氏改註

遍地鉗遍地鉗神仙妙訣要君傳點穴須

明真帶假節苞珠乳及窩鉗浪花漾月妙

中妙雲外飄形玄又玄　此節言穴地

真帶假謂似是而非毫釐千里之辨也

節苞珠乳及窩鉗本山龍穴法今言水

穴在山言山在水言水蓋水穴之形初

無異於山穴也浪花漾穴者謂水乃陰

中真陽所以滋育龍神養蔭太極都故
必水城遠抱方為結穴之區又必浮蓋
潤大方能光芒四映我穴其圓水光蕩
漾如浪花之漾月故曰妙中妙也雲外
飄形者謂世但知山地則以起頂落脈
為來龍平洋則以枝幹相秉為來龍不
知此皆龍之雌而非龍之雄皆龍之所
自來而非即此是龍蓋龍乃天陽之氣
無形可見無迹可尋惟地之陰有以感

龍氣也陽也山水形也陰也故地之有龍猶形之於
影殼之於聲隨物而付有叩而鳴雲外飄形是道其
宗不是形容譬喻之辭

召○夫天之陽斯天之氣從空而來附於
地之形故曰雲外飄形玄又玄也二句
言陰陽交媾方成太極楊公因上文節
苞珠乳之句恐人誤向實地講求故急
接此三語真精微玄渺之文也
問君何者謂之穴動靜其中生關節水邊
花發水中紅總外月明總內白此節言穴
形靜而實氣動而空一動一靜之間化
機出焉所謂玄牝之門是為天地根故

蔡照堂傳

此節從穴說到龍

曰動靜其中生關節也水邊花幾二句

是裁穴之法蓋穴不離水即天元歌沾

著水痕挨貼陰陽交度自生春之意

上句言穴影照水下句言水光接穴神

火精云善識火者攝其光上下四旁皆

有芒太近太遠光不接接得無傷百物

昌真穴法之要妙也

只為識龍不識穴脫下了之時兒孫絕更

有識穴不識龍胅下後家計似懸鐘

家秘本

平洋穴地人不識或在水邊或在石或在

平田或在泥或在沙洲與堆積乘風氣散

主人離水遠羅城方是吉

無水則八面風吹水繞則八風頓息

天下州城住向空何曾撐住後頭龍令人

不合古人法誰道後頭無好峰州縣人家

若怕此千門萬戶怎生容無明見者生疑

惑不下空龍下死龍死龍魯秘空龍活龍

勤之時天地闢不信但看州縣塲盡是空

家秘本

以水為龍是假托之辭。水固毋之血非父之精也楊
公江南龍來江北望已説明學者勿悞認空即是
水。水即是龍蓋水之空宗而空者也對待之空曰此
之空而空者也宗而空者乃迎龍者也空而空者乃
真龍也胡安國峽篇之所謂空龍其意㮣指水而言。
我則作真空解所謂別有會合要有當㮣㮣者而已

龍活潑潑潭州方圓八十里十萬人家畫
張西不然也去討多龍所以難言空處空
衡在周回四十里南山巔在西湖尾家家
空佳向前塘不信龍從何處起龍此二節説
宋胡安國曰地上空處無非天也故一
陰交陽
山上聳地之上入乎天一河下陷天之
陽交陰
下入乎地世人但見為空不知是天故
其要只以水為空但以水有虛之陰脈無形之陽不可不知
不明空中有氣空之為龍也柳知空實
二者一氣貫通在空則無形為陽在案

則○有質○為陰上極蒼昊下極黃泉無乎○

不充然不皆結穴者以不得陰陽之交○

結也必空抱宗宗抱空合成一太極方

是陰陽之交結為龍之動也合陰陽而

成○一穴其宗處有來有止而為龍其空○

處亦有來有止而為龍也但實龍人所

共知空龍人所難曉故公指明之一慶

之空與天空相通一慶動則天空咸動

故曰龍動之時天地闢也○

蔡照堂傳

世人也有佳空龍龍在空時總有功背後〇

水從生旺起兒孫世代不教窮〔背後水來〇生旺〇生旺气也〕此節隂龍說到水

穴後坐零神之水正所以迎向前生旺〇〇〇〇

之氣非真有生旺之水起於背後也此〇〇〇〇〇

指明對待之義正空龍之根蒂若以闢〇〇

害志則謬以千里矣〇

人言側背是黃泉誤了人家萬萬千不信〇〇

但從仙跡覓後頭冲水出神仙仰山南嶽

廟龍基世上時師那得知只為水冲龍脊〇

此即八極神樞所謂翕聚也外來之氣不散到我近
身須有一口吸入我腹然後成胎不脈不結為之走
馬穴不能發格福

背四方朝拜不曾離

此節因世人不知坐水之法而并示人
以沖水之法也若非坐後有直來之曲
水安得向前有生旺之真龍但楊公後
坐曲水必貼穴另開一枝小水橫界穴
後而後坐之如無小水界抱即犯漏脚
之病而貽害無窮矣茫茫千載此訣從
無知者至蔣公而一朝剖露造化玄機
於焉盡洩石破天驚鬼當夜哭後學可

藜照堂傳

不秘之哉○

天下江心與海心君山常在鑑中行橘州

水陸金山寺○更有公安與洞庭雁峯石鼓

朱陵寺下有滄浪可濯纓人傑地靈多秀

氣○發高請舉占科名杜甫盧仝李白祖後

頭盡以水為隣○此人不比凡流畫畫是驚

天動地人○二節說也

四面團團水繞屋於中有穴食天祿揚雄
堂魏

此言水中結作○多成貴局也今人一見

水心獨圩便云無脉不知江南平洋何
地不在水中而人財蕃盛如此譬以大
輿言之外包以天塊然中處上半克之
以氣下半承之以水故四海圍環大輿
者皆水也天居外地居內二者相依附
而不相聯絡是大地固渾然而無来脉
者也寧得曰大地無脉而無氣乎益地
之氣即天之氣也天地一氣相貫故大
地不必有脉而自有氣學者識得陰陽

非二物天地只一氣方能恍然於楊公

空龍之義也

不惟運祿秦雲翰　此句必有訛字并上下　尔有闕文

別自乾坤一卷書

世之實地求龍者迷惑於高低起伏
之迹雖告以平洋之真龍猶然河漢
而無極也兹取遍地鉗盡剖其奧廉
共知楊公蔣公的是一脉相傳　汪云
吾識

遍地鈐終

家秘本

【辨譌】

闡幽為雪江野客所作雪江埜客不知其為何
許人觀其書是得書而未得傳者故其言合旨者固
多而悖旨者亦復不少我欲毀其書則不忍沒作者
苦心存其書則又慮後人之貽誤於是存其是者而
改其非不敢自謂有是而無非也或者其是多而非
少乎九原有知將知我也惟爾將罪我也亦惟爾也
已

省

乾隆甲子天中節後覺子樂山自記

蔣公盤式

原本雪江野客著

雲間後覺子樂山氏刪訂改正

蔣公原銘

俯察之理　本乎洛書　父母六子

範十二支　三爻成象　位參于維

三八品配　道盡無遺　後愚妄作

淆亂日滋　芟邪表正　易簡昭垂

一用盤必用蔣盤庶收水點穴五向俱用
正針若照俗下外盤收水則干支卦位
必多差錯而害不勝言○
一擇地先看星體端正而後可言理氣○
一是書所最重者元運元運不合雖星垣
皆好理氣清純亦未可用○
一立向不可立兼向在本宮猶且不可出
卦大忌世俗分金之說當一切掃除○

元運收氣正圖

元運以一百八十年為一轉分三甲子為
上中下三元一白二黑三碧當上元四綠
五黃六白當中元七赤八白九紫當下元
值元當令為旺氣初失元為平氣再失元
為煞氣得旺氣吉得煞氣凶

黎照堂傳

元運收對待圖

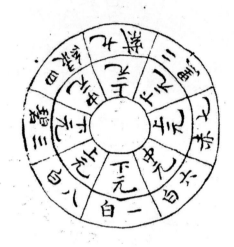

此三元對待圖也如上元一二三為旺氣〇

必下元九八七之水來斯一二三之旺氣

乃真所謂陽順陰逆此也所謂父母二卦

顛倒輪此也所謂倒排父母陰龍位此也

務須節節細察其骨之純雜而定其吉凶

此青囊雌雄交媾之妙用天王翻天倒地

之秘吉也

平洋以水為龍。此指龍之雌者言。葬山坐實葬水坐
空同一義。固水認龍此指龍之雄者言。山水同此對
待而已。

楊公看雌雄法

雌雄陰陽之別名也。水屬陰氣屬陽葬地
之道乘天陽之生氣而已。然陽則無形可
見陰則有迹可尋者雌雄者將以有可見
之雌看無可見之雄也。

先看金龍動不動

蔣註云、金龍者乃乾陽金氣之所生則金
龍即水道也。動不動謂有曲摺轉灣及枝
條權枒交會止息則謂之動。若直來直去。

是歸厚錄所謂勁直死龍耳豈得謂之動

乎此句只看水道之形象下句乃及於方

位俗以辰戌丑未暗金水口為四金龍者

非是

次察血脉認來龍

血脉即金龍也察察其來之方位也金龍

既動便當察其來路所定其為何卦之龍

乃可元取用盖來龍本無可認察血脉

即所以認來龍此即陰陽對待雌雄交媾

玄竅相通之妙義楊公特引而不發耳

水對三义細認踪

此即所謂城門一訣也二水相交必有三

义是入手第一件要緊事水對三义細認

踪即察血脉認來龍之義蓋幹水入枝之

口即來龍之發足來龍宜在穴之後偏故

註謂三义為後城門時師不知此義每於

直來之水向之立穴是誤認本文對字而

犯直衝之煞也或坐之立穴是誤認註中

後字而犯漏腦之煞也〇不知此〇一條只是

尋龍之法不是立穴之法此葬不得真傳〇

終身迷謬〇良可憫也〇

江南龍來江北望

江南江北以〇雌雄兩片之對待言也〇雌自

江南來雄必自江北至江北望者望江北

之雄也〇其實江北之雄無可望望江南正

所以望江北此楊公看雌雄之秘訣玄空

大卦之妙用也〇

家秘本

此條與背後水從生旺起同義。

朱雀發源生旺氣

朱雀發源者、水之來源也。生旺氣言朱雀
發源之水來生我之旺氣也。水無生旺之
可來、若水果從當令卦位中來、便犯煞氣
而凶不可言。天玉云、若遇正神正位裝發
水入零堂可知龍以旺為旺、水以衰為旺
古多摯龍格、此句是指上元統龍而言
四十八局
蔣註云二十四山、一順一逆共成四十有

八夫所謂順逆非偽說順轉左旋逆轉右

旋之謂也○蓋即雌雄對待之義有一雌即

有一雄二十四山互為雌雄一山兩局非

四十八局乎○

陽從左轉陰從右通

此即陰陽對待之義精氣從天精與氣是陽

故曰陽從左轉胎息從地胎息是陰故曰

陰從右通左轉右轉以數計不以位言左

邊右路只是對待之象非左順右逆之謂

元運指陽而言俗以左旋右旋分陰陽謬

以千里

陰陽相見兩為難

四隅卦為陰四正卦為陽上下元三卦皆

一陰二陽局中必陰陽全備方為上格非

如談淨陰淨陽者拘於一山一向必盡去

其陽而獨存其陰也故曰陰陽相見兩為

難一山一水何足記

山上龍神不下水

黎照堂傳

言山○自山水○自水山山以○之來落為龍神

水以水之來源為龍神兩不相觀也寶照

云○穴見陽神三摺朝此地出官僚蓋借朝

水以証山龍之盡結非水裏龍神忽然上

山也○讀者勿誤認○

前後八尺不宜雜

此言堂氣局氣註云八尺言其最近也此

乃立穴之秘機酒用長線打准貼穴之水○

入慶盡慶前後左右俱要極其清純若雜

楊公不言平兩水相交穴受風恐與楊公高山龍
言之此別為平洋言之也

他卦便非純乎生旺矣來氣之遠窮諸百
里堂燕局燕之近辨以八尺語意儘明白
沉有更有二字別之不得誤認八尺為來
情之到頭第一節

水發城門須要會
城門謂貼身小水之入口鴛喻私水雁喻
公水言同是水而有公私之別其交會如
鴛雁之一往一來也

第一義要識龍身行與止

龍身行止從何處辨辨在小水之有無而
已〇有小水則為收攝而止無小水則不翕
〇聚而行水龍變態不一〇而行止之辨大約
如此〇

第二言來脈明堂不可偏

來脈者〇來水也〇如水來自離〇則是坎龍水
來自兌〇則是震龍蔣公來情篇所載是也〇
明堂者〇堂氣也〇如近離水為坎局得坎氣
近艮水為坤局得坤氣蔣公注受篇所載〇

是也不可偏言來脉辨骨明堂辨方二者

當蓋而收之不可偏廢也

第三法傳送功曹不高壓

傳送功曹乃左右輔弼也最喜平夷若有

高突即掩蔽陽和房分不利

第四奇明堂十字有玄微

明堂十字即穴內十字十字有經有橫經

則因局定向橫則依水立穴穴前半屬陽

後半屬陰而左右皆公位故從後半另開

黎照堂傳

小水必裁其廣狹長短以定此十字所謂

有玄微也

立穴之道端正為貴形局子午坐向亦

宜子午形局乾巽坐向亦宜乾巽若子

午形局而作乾巽山向便滿局多成火

曜矣蓋正形正坐雖小地亦能發福所

出人丁皆端方愷直豈非美事立向一

偏衆煞交攻廬瘟盜賊俠邪淫亂無所

不至得元猶可失元不救矣

如子午局作乾巽山向則水之直朝者
為斜飛矣水之後抱者為反竄矣本局
之界割者成八字形矣甚矣雙山三合
之誤人也

立穴固有偏左偏右之法然所謂偏乃
移左移右非偏向之謂也醒心篇云恨
殺時師下斜穴欲朝客宿遠峯如本局
歌斜紐煞氣囑君此語縈牢拴

第五妙前後青龍兩相照、

謂前高後低左右平坦如幕師三堂四勢

式是也○

第六秘八國城門鎖正氣

八國謂八方界抱之水也○八國不滿之處○

是為城門○以零神之水鎖正神之氣故曰

鎖正氣也○此城門非水篏城門須要會之

城門彼以三义訨此以實地言也○彼則來

情之所由入○此則局氣之所由進○二者不

可誤認○

此十字以數訂天心尋十道是尋堂氣局氣之十道
不可誤認為外氣

第七奧要向天心尋十道

蔣註云天心十道緊頂八國城門來益城
門既定正氣之來蹤又當於穴內分清十
道乃知入穴正氣廣狹輕重銖兩平衡之
辨此條須細既玩此一局之內何者是旺氣
何者是平氣何者是煞氣合局細細尋求
必旺勝於煞而後可偏煞旺平衡便當控
制故曰奧也

第八裁屈曲流神認去來

藜照堂傳

流神屈曲水勢合格如然去來之地不可

不認去來都非重去與來之別也重去

與來之水屬何卦氣也若水之去來無甚

分別得元則來固吉去亦吉失元則來固

凶去亦凶不過畧有輕重之殊耳

流神屈曲必有向背向我為來背我為去

既去復來結氣愈厚如葬經所謂揚之悠

悠顧我欲留乃妙須於穴上認之

天玉三卦

三卦上中下三元也〇楊公三分九宮為三
大卦曰玄空〇曰東西〇曰南北日父母皆其
別名也〇此天心之奥而舉世皆茫然者矣〇

江東一卦從來吉八神四個一
江東一卦者兌卦也〇水從震來氣從兌至〇
倒排父母故名之曰江東〇實指江西也〇八
神即八卦〇四個者數至第四位而更起一〇
父母之卦也〇一者一元也〇此卦力量淺薄〇
只能管一卦〇不能有餘力兼管他卦所以

謂之一也○

江西一卦排龍位八神四個二

此指中元巽卦而言也○坎至巽為第四位○

故亦曰四個二者謂此卦能兼旺於下元○（小兒三十六年）

故曰二也○

南北八神共乙卦

此指上元坎卦而言也○不云四個都此卦○

突然自起不經位數○不同於東西二卦也○

註云此卦力量最大○能包涵三卦總該八

神為八卦之統領○又非四個二之比也○

坎雖八卦之統領然必兼収輔弼宮龍

神乃能三元不敗否則九紫當令之時○

亦所不免○此又按星秘中之秘所謂収

得輔星成五吉○山中有此是真龍也○

三陽水向盡源流富貴永無休

三陽者○丙午丁也○倒排父母則壬子癸一

卦也盡源流者○言自近及遠皆不出卦也○

以三陽之水而能盡其源流自然三元不

敗矣。

三吉六秀

三吉父母也。六秀子息也。天玉以卦之中

爻為三吉卦之旁爻為六秀。並不忌辰戌

丑未水或曰四水在失元時為禍更烈夫

失元之水何者不能為禍寧獨四水之足

畏乎。

三才六建

三才即三吉六建。即六秀水龍經六建圖

非是○

　　零神正神

青囊天玉俱以值元為正神元之對為零○

神經言若遇正神正位裝發水入零堂蓋○

以零神裝在水上以正神裝在向上則○雌○

雄○○○得其妙矣此收山出煞之秘要也

　　零堂正向須知好認取來山腦

坐後為上穴前為中堂外案為下堂○零○

堂謂上堂中堂下堂皆有零神之水正向○

舒〇轉龍位郎所以保護龍神

氣〇故雖短亦凶　向前是龍神便是龍伽

非〇橫過之水正神位上有水便占他元然

豈〇無虧損乎水短便遭凶此指直來之水

裝〇在向上若明堂逼窄不及百步於正神

此〇言向前宜寬廣也擾生入之法正神當

御〇

正神百步始成龍水短便遭凶

謂〇向〇前〇正〇神〇無〇水〇來〇衝零正皆以來山為

父母子息

卦為父母左右兩爻為子息○八卦皆然○此
定理也○天玉青囊重父母而輕子息蓋父
母居中○易清而不雜子息居邊○易駁而難
純故也○其實三爻原相伯仲但得令有早
晚發福有輕重耳○

龍中交戰水中裝便是正龍傷

平洋以水為龍水乃龍之雌者而實雄龍
之所自來故水中交戰則為正龍傷矣正

龍者龍之雄者也註以為入口交戰最是

非入口之交戰安得謂之正龍傷乎蔣公

云來情若在真元位諸局泰差一半輕故

八極神樞亦以來情清真為第一義也

五行若然翻值向百年子孫旺陰陽

配合亦同論富貴此中尋

五行二字作值元旺氣歟凡山地平洋皆

不可坐旺山以石為主坐旺便犯煞氣平

洋以水為主其坐旺不皆犯煞故告之曰

山地必須旺運值向方可發福若平洋坐
旺但須向上有水來朝即為陰陽配合而
與山之立旺向者同論矣

干維乾艮巽坤⊜（父精）陽順星辰輪支神
坎震離兌⊕（母血）陰卦逆行取

謂干維乾艮巽坤而果為天之陽也則當
順輪支神坎震離兌而果為地之陰也則
當逆取其意歸重父母而以壬癸為龍水
之別名隱然以壬癸為陰陽不以干支為

陰陽也挨星只是元運〇不分龍水此以壬

癸二字分出龍水故曰秘中秘

精氣從天陽也故當順輪胎息從地陰

也故當逆取八卦二十四位俱互為陰

陽非干維屬陽而支神屬陰也蓋陰陽

非有一定之位故順逆亦無一定之規

如支神坎震離兌而為天之陽則又當

順輪干維乾艮巽坤而為地之陰則又

當逆取所謂父母二卦顛倒輪者此也

所謂翻天倒地對不同者〇此也總之順

逆從陰陽不關干支〇俗術不識此義謬

將干支字面硬別陰陽而分左右旋真

是癡人說夢〇而彼且為月窟天根在是

也哀哉〇

　甲庚丙壬俱屬陽順推五行詳乙辛

　丁癸俱屬陰逆推論五行、

此章與前章干維乾艮巽坤壬陽順星辰·

輪同義〇蓋楊公以已之所謂陰陽換世俗

之所謂陰陽也○世俗以雙單為陰陽楊公

以衰旺為陰陽○元內者為陽元外者為陰

○言若在元內當順而向之若在元外當逆

而背之逆而背之謂坐其水也○

　陰陽順逆不同途須向此中求

言以衰旺為陰陽向背為順逆○與俗術以

雙單為陰陽左旋右旋為順逆○其途不同○

學者當於不同處求之也○

　九星雙起雌雄異玄關真妙處

雌雄即陰陽每一星有時而為雌有時而

為雄○與二十四山雙雙起同義○

乾山乾向水朝乾乾峯出狀元

乾山乾向水朝乾猶云乾山巽向巽水來

朝中元取兩頭水再得乾水則中黃氣旺

而大魁可必矣平洋以水為峯故曰乾峯○

下三局倣此○

北斗七星去打刼離宮要相合

離宮要相合○即坎離水火中天過之意○

家秘本

倒排父母是真龍

水與龍反為倒水擬於龍為順○

立穴動靜中間求須着龍到頭

蔣註云水動物也地靜物也水之所止即○
是地氣所鍾一動一靜之間陰陽交媾所○
謂玄竅相通也其義已明然又須知地水
本一物而謂之交媾者以胎息○屬水以精○反天
氣○屬地而為言也○地中○地○于○氣○無○
水地不相離凡龍腹穴○水於此處轉則地

氣必於彼處入凡龍頭穴〇水自此而止於
彼〇則地氣必自彼而泊於此所謂玄竅相
通也〇

　　天元宮

子癸午丁天元宮〇夘乙酉辛一路同者〇天
開於子〇故以子午夘酉為天元〇天元宜專
言子癸夘乙而兼言午丁酉辛者〇子癸夘
乙乃天元之龍法〇午丁酉辛乃天元之水
法也〇若有山水一同到〇半穴乾坤艮巽宮

家秘本

者、以龍、水之駁雜者、言之。若子午夘酉出

脉而與癸丁乙辛同到則穴固在坎離震

兑宮也惟癸丁乙辛出脉則穴雜於乾坤

艮巽宮矣故格入首之龍必的確四正出

脉方純乎天元也取得輔星成五吉山中

有此是真龍註云末二句輔星五吉指天

元宮最清者言此語極精微天元之龍三

元並旺而註謂收得輔星可兼兩元龍力

者何也天元地元相對相反坎龍必替於

辰戌丑未四旺惟丑屬地元丑為地元龍未為地水
元水至辰戍實與地元不涉而楊公並舉之者蓋亦
猶之無極真人中元口訣中二八來朝生意發之意
也

離運坤龍必替於艮運震龍必退於兌運

隨其所收之龍而取彼之輔星以遠扶不

遠謂之薰兩元龍力正明其三元不敗也

惟三元不敗所以謂之真龍

地元宮

辰戌丑未地元龍者地關於丑故合辰戍

丑未為地元也乾坤艮巽夫婦宗言四支

在乾坤艮巽卦內也甲庚壬丙為正向脉

取貪狼護正龍者庚丙為地元之龍法甲

黎照堂傳

家秘本

壬為地元之水法天元可薰地元人元可

薰天元獨此元僅可薰貪狼龍氣不能廣

收五吉也○

楊公不滿地元故舉四隅之辰戌丑未言

之世俗每以丑艮為夫婦辰巽為夫婦皆

夢語也其實丑與未辰與戌相為夫婦而

乾坤艮巽獨為之宗則下元三卦亦以父

母為貴可知甲庚壬丙為正向便作子午

卯酉看脈取貪狼護正龍或離上有蔭水

或抱水皆是

汪云吾云甲庚二句○當以騎龍穴泰之向

前丙水即貪狼也○直指甲庚壬丙為正向○

蓋微示上文辰戌丑未乾坤艮巽之○非正○

語也○

　人元宮

寅申巳亥人元來者○人生於寅○故合申巳

亥為人元也○四支之中巳亥固屬人元至○

寅申○則與人元無涉○無極真人口訣云○即

今與汝中元訣二八來朝生意發要知四

六兩頭關五卽從此投胎着註云中元甲

子用艮坤乾水癸出枝水非巽卽乾乾水

可納巽氣巽水可納乾氣故曰二八來朝

生意發用乾巽兩水納五黃中宮氣故曰

四六兩頭關五卽從此投胎着楊公之四

支並舉益亦猶此意也乙辛丁癸水來催

者辛水納乙龍丁水納癸龍皆天元之局

人元之所當兼者也觀節末二句知節首

一句當是艮坤巽乾人元來然既以寅申

巳亥為四正自以乙辛丁癸為四隅明其

四面有水為中黃之局若是壬亥來脉宜

立亥向更取貪狼小水以成五吉若是巳

丙來脉宜立巳向則更開寅坤申艮之門

以収納之然畢竟是偏氣不若父母來脉

為妙註曰、巳屬巽而反曰天門亥屬乾而

反曰巽風顛倒裝成其托意微而且幻其

所謂托意微者以偏氣宜向不宜坐也不

然註何不即以向天門為夾向巽風吹為

巳向

中元必四六兩頭關乃為上格若但一頭

有水只算次格

薰宮之說宜細紊上元之龍於中元正發

當於局內収之不得以平氣目之而僅収

於外局下元時中元之平氣巳失其吉上

元之煞氣更值其凶惟薰収貪狼一脈可

以保元外百二十年之退運然巳不得為

全美矣○

楊公隱語以正氣純氣為天元以四隅氣

為人元以雜氣為地元其中高下自見蔣

註所謂隱然天元之妙理引而不發也

　貪狼原是發來遲坐向穴中人未知

薰宮宜遠不宜近故人地兩元所薰之貪

狼或為穴中所坐或為穴中所向俗眼不

能識也惟遠故發來遲○

　　客在西兮主在東

家秘本

城門一訣最為良

蔣註云主客猶云夫婦實指陰陽之對待○
山水之交媾山水二○字只是隱語山自山
水○自水未嘗相為交媾也又陽水陰山相
配合山水二字亦是隱語讀者須知

城門有二○此城門專指三○义城門即穴體○
五星○之命脈來情之○所畢會也収山出煞○
皆係乎此要的真父○母的真對待與龍身
出脉無異故註以為一家骨月血脉貫通○

而水發城門湏要會之語可由此恍然矣○

夫婦同行脉路明湏認劉即別處尋

夫婦同行脉路明指大水言曲折不出宮○
所謂脉路明也湏認劉即別處尋指小水
言結穴不於大水而於小水也大水曲折○
生動之氣盡收入小水以蔭穴內其發福
可知矣○劉即別處尋三字湏細泰如上元
丙午丁水夫婦同行則小水入口非酉水○
即艮水同一酉水而其曲入有坤艮乾巽

庚甲辛乚之殊○庚甲辛乚則合○坤艮乾巽

則不合同一艮脉其曲入有坎離震兌丑

未寅申之殊丑未寅申則合坎離震兌則

不合註云○此宮不合○別尋一宮深得尋鈴

即之法矣○大水與小水一家骨月血脉相

連但須穴後有水以蔭之爲用水口砂以

鎖之此平洋之異於山龍慶也○

發龍多向支神取

發龍多向支神取謂四正卦也○若是干神

必有以制化之○非如支神之清純而即可
取矣○即如壬子癸三字而真假皆在其中○
子薰癸則真壬薰子則假○雖制化有方然
已不得謂之天然穴矣○乾坤艮巽雖慶四
隅苟其水來當面的是乾巽水的是艮坤
水便是真龍而迎神引氣盡屬天然矣可
知發龍出脉總以父母為貴○
　　四大水口以下二條辨正所無
水口○即三义城門也○以四隅言則四薰四

家秘本

正言則八分二十四山而言則二十有四

陰龍格

非辰戌丑未之謂也

陰龍形體當稍稍偏濶而四角亦不宜太

放立穴必對池之正中少偏左右則汲氣

不清且欠端平矣若立穴歪斜為禍更烈

尤當慎之

凡坐池水必量准水面之濶狹而後立穴

太近則氣促太遠則氣脫神火精所謂太

近○太○遠○光○不○接也○遍○地○鉏○云○水邊○花○癸水

中○紅○腮○外○月○明○腮○內○白○鳴○呼○到○矣

闡幽改本終

黎照堂傳

挨星訣論　　雪江野客原本

挨星云何即挨元也貪巨祿為上元主運○

文廉武為中元主運破輔弼為下元主運○

此以○天意○為○轉移○非○可以○地局強位置之○

也○辨正註曰天玉青囊既重挨星生旺矣○

運有生旺星何以亦云生旺○此即星即運

之一証也○又曰玄空大卦五行即挨星五

行其証二也○又曰言天地言東西言玄空

言父母○言挨星○名異而實同其証三也○又

曰此五行原本洛書九氣○氣即運也豈別

有他岐乎○又曰九星八卦本無不吉而有

時乎吉○本無有凶而有時乎凶○豈非指元

運而言乎○又曰真知九星者豈惟貪巨武

為三吉即破祿廉文輔弼亦有吉時時字

何指乎豈非明指元運而言乎○又曰一白

配貪狼二黑配巨門三碧配祿存四綠配

文曲五黃配廉貞六白配武曲七亦配破

軍○八白配左輔九紫配右弼此天玉玄空

雪江甚客不知辰字是代中字故指辰為文

之定理也○由此而觀則貪狼之為一白巨
門之為二黑蔣公已明目張膽喚醒後人
矣○又何疑乎且青囊奧語曰坤壬乙巨門
從頭出艮丙辛位位是破軍巽辰亥盡是
武曲位○甲癸申貪狼一路行而其註曰一
例者其意不過曰坤固巨門而壬貪乙祿
癸固貪狼而甲祿申巨皆上元之卦而與
為一例○辛固破軍而艮輔離弼皆下元之
卦而與為一例也亥固武曲而巽文辰武

皆中元之卦而與為一例也首句獨言從

頭出者則又明指句中第一字為巨門舉

一坤以例其餘也此九即星即運之証據

而無一毫之擬議矣或曰非也此九星之

极格也八卦定位九曜飛行變化之道必

不若此余以為凡事可以言變化而惟星

則終古如斯而不可以言變化言變化者

莫若八卦掌訣一貪狼也可以坤可以震

一巨門也可以巽并可以辛不知變化愈

甚理氣愈○非將以九星之分野詎貪狼在

北坎不能移之○坤震也將以九星之飛行

詎一日一夜一周旋不能繫之使頃刻不

去也○余故曰○此法之巧而非理之正也且

一白之配貪○二黑之配巨所謂即星即運

者豈得謂死板格哉○先天之卦則乾兌離

震巽坎坤艮○後天之卦震巽離坤兌乾坎

艮○今不隨先天後天之卦左旋右旋而隨

九之氣飛行○則已極變化之至矣○要之曰月

五星所談者大要以元會運世為變化耳

如以地局位置之竊恐拍之不來麼之不

去可奈何豈容顛倒錯亂之偽術可得而

妄托哉

云吾子云其論未嘗不是然純是懸猜

臆度之辭可知其未得真傳也

後覺子曰此篇雖屬猜度之辭然於理

無甚乖謬故仍其舊而不為妄改

西浦後覺子著

一星　體

天有五星地有五行在天成象在地成形

金圓土方火尖木直水曲此五星之正體

也平洋只取金土水為三吉而木火不用

以尖直之形其性剛暴不能無煞無故也

二龍神

龍者借名非真龍也亦曰一元之氣而已

氣本純陽龍亦純陽龍善變化氣亦善爻

藜照堂傳

化以其相類故借名也〇知龍之為氣可知
是〇無〇形可見無跡可尋者矣〇知龍之為陽
可〇知山〇水土〇皆陰〇而非龍矣〇然陰之所在
陽必求之故無形之〇陽恒寓於有質之陰
惟楊魯洞微陰陽對待雌雄交媾玄竅相
通之妙故其言曰細察血脉認來龍又曰
江南龍来江北望江西龍去望江東開千
古未發之秘其示人以有形之陰質求無
形〇之陽氣陰〇在此則陽在彼陰在彼,則陽

在此之要妙可謂深切著明矣奈何世人
迷而不悟猶以高低起伏轉關過峽者為
龍也天以實為龍非但不識平洋之龍亦
并不識高山之龍悠悠天下無非矇瞽可
勝嘆哉

凡看来龍湏細察其来脉或父母或子
息或父母熏子息或子息熏父母一卦
者為純熏卦者為雜天元歌云八卦三
元并九曜毫釐差錯落空亡又云只把

傍龍一卦藏莫憑三八分條理識得九

龍龍骨真骨若不真飛不起又云天元

既辨龍神旺九曜不純龍力衰其純雜

不可不辨也如節と父母出脉必無駁

雜之病父母熏子息猶可若子息出脉

必雜他卦而犯差錯美歸厚錄辨清辨

雜之語真喫緊秘要也○

三堂氣

堂炁即局炁也○○○○○○以貼身所近之水為主不

論前後左右皆為局焉如近離水為坎局

得坎氣近乾水為巽局得巽氣此其大畧

也如離水涉未則坎局薰艮離水涉巳則

又薰乾局焉不清禍福其有憑乎蔣公所

謂既知辨局更畏失胎者此也必細按撥

機之水入口得何氣上處得何焉我穴圓

左右並歸必卦氣清純旺勝於煞斯為全

美倘煞旺平衡便當控制青囊之前後八

尺不宜雜天元歌之定局惟看貼水城毫

釐尺寸要澄清皆言堂氣也下局可不詳

審字○

四朝向

凡水當面来而曲者曰朝寶照云出峽結

成玄字樣朝来鸞鳳舞呈祥盖言本身来

龍之水曲摺而入當面朝迎抱歸穴後而

止也或非本身之水另有一枝客水曲摺

逆入朝迎至我面前而止或轉左右遠穴

而去皆是總要之玄屈曲節節整齊不雜

謂抱穴水城之形局也○結穴有龍腹龍首

　　五形局

○不亂為妙○

之不同必有蔭龍之水遠抱而成太極其

形必如玉帶如半月方妙龍首穴或無蔭

龍水其頭必特大有垂乳啣珠之象方成

形局○水城既妙又當觀其實地城門并道

路何如總要方員端正暑無傾欹逼窄殘

缺○乃為全美○

六高低

即幕師千里眼之法○穴前要漸遠○漸高○左

右要平坦穴後○要漸遠漸○低如天柱輔弱

上有墩阜屋宇障蔽陽和欺壓坟塚大損○

人丁○不可不慎○

七外應

謂星垣之外○遙遠之處或大湖大蕩或高

峯寶塔之類雖遠亦有關係○

八翼衛

言垣局也星體既妙更須垣局周匝前案

後托左右輔弼須層層包裹環抱有情署

無反背斜飛冲射為妙

九繁案

此合內外局而言也繁則氣聚案則氣固

如形局曠蕩則氣亦曠蕩天元歌俗眼只

媾結局小個中生意滿乾坤言星體之繁

案也更有砂龍從外護愈多愈美酒添酥

言垣局之繁案也重重息道層層關鎖星

垣兩好斯為大地。

十元運

元運者上中下三元輪轉之運上元一二
三管運而一白為總統中元四五六管運
下元七八九管運三元循環輪轉值元為
旺氣初失元為平氣再失元為煞氣凡來
氣局氣俱要得當令之旺氣不可得當令
之煞燕一煞一旺禍福天淵雖得至美之
地而運不逢時必不可用歸厚錄註云與

其得失元之大地不如得乘時之小地人
壽幾何待其去衰入旺身與家俱盡矣此
真不易之論也至其氣運之長短力量之
大小雖各有一定然又當以地力之厚薄
星卦之純駁參觀之
蔣公云坎離得天地之中氣中男中女即
先天之乾坤中藏戊己真土故三元不敗
者多震木以壯而根深兌金以少而堅劉
且為日月之門戶春秋之平候故亞於坎

一白之煞憑只九紫二十年二黑之煞憑只八白
九紫四十年三碧之煞憑在七赤八白九紫六十
年四綠無餘煞六白餘煞憑六淺其煞憑只在一
白二黑三碧六十年七赤煞憑在三碧四綠五
黃六白八十年八白煞憑在二黑以後一百年
九紫煞憑在一白以後一百二十年又湏知旺
氣煞憑大咸於六十年之後

離良之象為山山不可移其質堅吳故其
久亦比震兌乾為老亢之金坤為既產之
之土故皆不久巽為稚木奇花爛熳不耐
風雨尤為易衰然龍運雖定尤當以地力
消詳之若地力厚而星卦純雖入敗運止
於不發若地力薄而星卦雜雖入旺運縱
發亦多顛躓其說如此然一白雖為三元
不敗當九紫當令之時亦不能無敗二黑
至八白而敗三碧至七赤而敗中元雖謂

九龍力量之大小三元氣運之長短即能熏旺於下元然餘氣甚短不過二十年

上中下一二三四五六七八九之次序

可見

耳○下元則全無餘氣故楊公不滿下元其

實下元不及中元中元不及上元上元力

○量最勝所及較久故曰坎坤不替○

聞蔣公有葬法十則而未之見右十欵

之目係歸厚錄定卦篇後所列者予就

其所列而條晰之以管窺天不知與蔣

公所著不甚逕庭乎抑猶河漢而無極

也惜不得蔣本而正之乾隆乙丑春莫

西浦後覺子

先後天圖位說

伏羲之始為八卦方位也乾南坤北離東
坎西自文王出而以坎離代乾坤囙以震
兌代坎離四正四隅皆非其舊論者每以
為疑不知文王實本伏羲六十四卦方圖
而自為八卦方位昌嘗取伏羲八卦方位
而更定之耶蓋陰陽相偶者天地之所以
為體陽制乎陰陰助夫陽者天地之所以
為用伏羲由兩儀而得四象由四象而得

家秘本

八卦○又重之為六十四卦○皆一陰一陽迭

積而成○又取六十四卦作方圓二圖○圓為

天○方為地○合之為百有二十八卦○所以明

陰陽之相偶○大無外而小無內○有如是也○

其六十四卦圓圖○本於八卦方位○固天體

之所以立○而天道之運行亦不外焉○天體

已然○序其數則由一而二而三而四○天運

未然○測其候則由四而三而二而一○故曰

數往者順○知來者逆○乾盡午中○坤盡子中○

其陽在南其陰在北○恰與四時之序相為○
脗合○而與地之方位無關○先儒亦且披圖○
而標其方位者乃天之十二辰○非地之四○
正四隅也○地之立體方則為方圓以象之○
乾始於西北○坤盡於東南○其陽在北其陰○
在南○蓋明其與天道相為錯綜○亦未嘗致○
辨於四正四隅也○是皆一陰一陽相偶成○
體○文王覽之而心與之契○知圓圖體薰乎○
用○方圓則言體而未及於用○遂本伏義乾

蔡照堂傳

始○西北之義別補一○八卦方位即地體以

明○地道之運行與天為一而論者乃疑其

取○伏羲之八卦方位而更定之豈不謬哉

方位各因乎次序○乾一兑二離三震四巽

五坎六艮七坤八者伏羲之次序也○其次

序由兩儀四象○一陰一陽相偶而來○則不

得不於卦中較贏絀之數而以陽爻之多

者屬南○以陰父之多者屬北○天道然也○坤

為父○坤為母○一索再索三索而得長男長

女中男中女少男少女者文王之次序也
其次序由伏羲乾坤定位陽尊陰卑而來
則不得不於卦中審源流之合而以陽交
之為主者居北以陰交之為主者居南地
道然也是故文王八卦方位與伏羲六十
四卦方圓陰陽之位置同而所謂陰陽者
不同與伏羲八卦方位則所謂陰陽者既
不同又以天道地道之別而位置尤不同
知其所以不同而先聖後聖之若合符節

亦可推矣陽主乎變陰主乎合一二三四○

既由上而左則五六七八自由右而下陰

陽相對無可置疑人所疑者以五行求之

而不合耳文王方位於五行甚合而交象

之陰陽不盡相對人以是疑之要之此亦

本於理之自然不假安排也陰陽各有盛

衰稱壯之不同艮兑陰陽之少者也坎離

陰陽之中者也震巽陰陽之壯者也乾坤之

分給與六子則已衰矣惟坎離禀乾坤之

中氣故居南北而為之經自坎離而外別
無中氣之可言矣然陰常強於陽陽常弱
於陰震兌居東西而為之緯以壯陽制少
陰亦不失為中氣也又陰強乎陽而但能
為谷故一至極盛而易摧陽弱於陰而自
能為變故雖處極衰而猶振此衰坤所以
居西南衰乾所以居西北也乾巽相對壯
陰所以助衰陽也坤艮相對少陽可以制
衰陰也統而觀之伏羲於方位之對待者

心一堂術數古籍珍本叢刊　堪輿類　蔣徒張仲馨三元真傳系列

家叔本

於是四正四隅各得其宜焉易曰帝出乎○○○○○○○

之壯代之陽則壯貴於少陰則少貴於壯○○○○○

對震而以兌之少代之坤宜對乾而以巽○○○

可以接陽位之陰卦而極生生之功巽宜○○○

至陽位之始則臨之以震而為陽之發始○、、、○○

實艮為陽之畜皆處陰位以裕生生之本○、、、○○

而化著對待之機乾為陽之萌坎為陽之○○○○○○

即於方位見互根之妙而於流行之合同○○○○○○

分陰分陽而於其流行見互根之妙文王○○○○○○○○○○○

震言陽氣破陰氣而出也齊乎巽言陽氣
浸盛與陰氣齊也相見乎離言陽氣復舍
陰氣見陰相陽之中也致役乎坤役養也
言陽養既衰盡得陰氣之養也說言乎兌
言陽氣受陰氣之成則說矣說則無陽之
非陰矣此所成乃出震以後在外之陽氣
也在外之陽養既盡斯在內之陽氣復萌
其萌不易故曰戰乎乾戰即勞之始也勞
焉而其精始固陽實於陰之中故曰勞乎

蔡照堂傳

家秘本

坎而既固不可以輕洩也艮以止之乃所
以成在內之陽氣而待其出也故曰成言
乎艮此非於流行之合同而化著對待之
機者乎今論者但知離火坎水震木兌金
於五行為不可易而不知伏羲八卦方位
但主二氣不主五行文王八卦方位其方
位本分五行非既配以卦而後有五行亦
非執五行而後有所配之卦泥其粗而遺
其精亦已愚矣抑又有精焉者伏羲八卦

方位四正四隅○無一爻不交媾○文王八卦
方位四正以中爻交媾○四隅或以初爻交
媾或以末爻交媾四陽卦○由乾之初爻進
而為坎之中爻○艮之末爻○而後震之以初
爻代乾者得以中爻交兑焉○四陰卦由巽
之初爻進而為離之中爻○兑之末爻而後
兑之以末爻代坤者得以中爻交震焉○此
與伏羲方位未嘗不相為表裏○一以見天
道之純而不雜○一以見地道之順而有常

而○非○聖人以○私○智穿○鑿於其間也○然先賢

不舉其方位分屬之天地而但名之為先

後天何也日天地一物也均之為天也天

常先乎地因而謂之先天地常後乎天因

而謂之後天可也

家秘本

洛書說

洛書是地包乎天之數以四隅之偶數包

四正之奇數以兩頭之十數包中間之五

數是也始於一終於九縱橫皆十五其布

置極變化極自然益數也而理存其間矣

有數即有運運之小者第一年甲子天氣

丶、坎用事地氣離用事第二年天氣離用事

地氣坎用事第三年天氣艮用事地氣坤

用事第四年天氣兌用事地氣震用事第

家秘本

五年○天氣乾用事○地氣巽用事第六年天

氣地氣皆中宮用事○第七年天氣巽用事○

地氣乾用事○第八年天氣震用事○地氣兌

用事第九年天氣坤用事○地氣艮用事至○

第十年癸酉復與第一年甲子同至第六

十一年甲子則天氣巽用事○地氣乾用事

癸至第一百二十一年甲子則天氣兌用

事地氣震用事臭惟第一百八十一年乃

與第一年同是甲子同是天氣坎用事地

氣離用事可見一百八十年乃運之大者

其間三甲子分為上中下元各隨洛書之

數以用事此與運之小者同出於自然而

非私智之所得與也運之小者一年一換

乃猛銳莫當之神故逆行而主凶而與之對

者亦凶運之大者六十年一換乃寬裕不

迫之神故順行而主吉而與之對者亦吉

天道有順有逆如日躔於度為逆斗建於

宮為順其相反而相成與此一類九宮飛

臨○穿鑿可笑○其五黃即愚之所謂地氣用

事者也○每年地氣用事之處○本是凶煞初

不以五黃飛臨也○　一百八十元為一會此　是大三元○

此逆則彼順彼逆則此順此吉則彼凶彼

吉則此凶○天地之數然也○數顯於洛書而

輪也○吾於順輪之主吉而信逆輪之主凶

實始於開闢吾於運之順輪而信年之逆

也○俗言某〻入中宮五黃臨某〻雖曰無

知妄作○然識者於此亦可審所避矣○

一百八十元為一會○此是大三元○

太陽居高臨下無元運之可言故雖上元○○○○

作宅亦取南向以受天光惟南方直來之○○○○

離氣在上中二元自當避之○○○○○○

太陽之光可以助吉神而解凶曜選擇與○○○○○

地理皆然故陽宅宜南向以迎之陰宅宜○○○○

淺培以受之凡陽宅午向能正受太陽之○○○○

氣若止一二進無直入深衙與卧室相接○○○○○

雖中元亦無害也官衙離氣直入卧房宜

避之○其屋後往○陳地二三、畝則○乘運○開

門亦所甚便若但重元運不重太陽則陰

宅何必以太陽不入為咎若但重太陽不

重元運則未央宮、城何以有北門而無

南門乎漢興當上元之運蕭何治未央宮、

殿皆南向所以受太陽也其宮城但有北

門東門而無南門西門所以乘元運也乘

運之法重在入口尤重在直來之氣也○

古者童子即習樂舞之事樂以八音○配八

家秘本

方而舞列亦方以象地皆主於宣八方之

風自朝廷至於鄉黨莫不肄習故三代以

上元運不甚驗由於八風之既和也自樂

舞蹈而元運靈始有談地理者矣

日光與人氣皆主於吉但日光能解散煞

氣人則不能若逢平運戶外之屢常滿其

發福直不異於旺運也或屋止一進煞氣

旺氣皆不聚而来往人多亦能發福

陰陽交媾則成胎矣交媾為陰陽對陰之名

蔡照堂·傳

成胎乃陰裹陽之義。楊公謂壬當順輪癸

當逆取。壬癸二字。即父精母血之謂也。

家秘本

混元歌

造化混濛闢誰手。靈氣飛翔勢蚴蟉伏羲

老子始識得一丸團團具樞紐一陰一陽。

妙相媾結得玄珠千刧久扶輿照嫗俱天。

陽陽歙騰騰入無厚黃芽發育嬰兒成土

膚冲和茹靈秀不識空龍枉問龍順逆還

從對待遘抽添妙用坎與離消息多憑復

與姤八卦方兮九星圓方圓無常奇亦耦

吸取星光入卦象如鏡取火不少謬山剛

水柔總是陰山落水來陽已有大地週遮

氣渾淪即遭百六非陽九六甲專求骨脉

專洩在尾閭蓄在首龍幹脫枝枝屈曲之

玄益穴不飛走攀騎挾龍三格殊坐向空

實須詳剖近身一機吸百竅百竅玲瓏咸

注受月照川兮川有月蕩漾全由水光透

古來葬義取能藏藏乘真氣死者壽真燕

玄玄奪天巧宣示此篇傳不朽

混元秘旨

無形有形形者存 靜中取動動歸一元

日月互藏旋乾轉坤一氣團轉生死攸分

扶輿蜿蜒誰破渾淪九皇照耀八極環輪

赤氷探珠泉妙之門二本萬殊萬殊貫之

山骨水血氣脈不岐因陰顯陽陰在陽隨

歷老得嫩遡幹得枝必清且專不雜而離

含胎凝孕結息為期地以天靈空龍必識

我有九子壽將二百渾之大昌常之亦得

博字疑是轉字

縱三橫三三相值維天地人洛書是式〇

統龍生氣具大神力離流吸坎坐挾兩盆〇

生殺流行生與殺敲岡壠糾紛岩巒揖結〇

頓跌起狄博換承接重重玉帳賓從環列〇

泡節暈形消息乃合肌肉冲融削露非吉〇

頂突窩鉗因勢成穴平洋水龍取象朝宗〇

幹水生枝骨察真踪來脈之玄至實彌空〇

江西花發朗映江東近身一吸醍醐味濃〇

靈火之精乃在水中水流魚活習習春風〇

水腹水首太極不同○半月喃珠蘊蓄無窮○

大波照奪反水反攻斜飛穿射漏割皆凶

平岡之龍與山大同脫換退卸真憑乃鍾○

平原無水亦作水看高卑隱現尺寸非難○

凡夫堂局須端且平四水環衛八風不生○

香几玉案右抱左縈內宮縈翕外垣有情○

城郭叢社殊忌縱橫金土與水三吉成形○

鈴頭立向萃氣之精總之至理陰陽為綱○

雌雄黄白顛倒精詳紛紛卦例理失失常

家秘本

生旺墓絕。為生民殃。我現此篇。洞房靈章。
上士得之。重比青囊。造化在掌。垂福無疆。

蕭客水龍經

山郡以山為龍水郡以水為龍三吳諸郡

枝浜交流一圩之地不過里許前賢謂水

為龍正謂此也相水認勢葬下真穴富貴

悠久古云平洋大地無龍虎漭漭歸何處

東西只把水為龍下着發三公千里無山

英雄迭出其貴在水葢其地近海通潮或

時潮來或時潮去來口便是去口去口便

是來口兩頭交媾為交精潮退兩分為乳

割箭射縱逆何庸此等水法理致甚微不○

福綿長水口交鎖織結雖順亦吉局內宜○○○

曲去之玄直流者易於興敗凝靜者發○○

身為抱局當面曲朝是迎神大抵來宜屈○

水聚多而愈妙直流縱大不為奇橫過抱○

云地道剛柔神變化眾流聚處引玄機小○

論大河小澗遠流轉抱無分浜婁池塘經○

精神百倍之玄現變化無窮屈曲來朝不○

蔭妙處在乎潭漩生活喜其之玄潭漩聚○

家秘本

特知之者鮮而講之者亦稀○

此水龍經第四卷也蔣公最取其篇首

二句為千古開闢之論謂非淺學者所

能庶幾又極稱水口交鎖二句為通達

之識其餘文多粗率理多穿鑿畧畧之可

也蓋緣未得真傳正授故於真機尚隔

一山○然較之實地求龍者已不啻霄壤

矣後覺子筆記

摘錄蕭客玄機水神篇

一到平洋以水為脉以水為護以水為朝○

以水為坐水本非龍而龍從水現水行龍

行水止龍止水貴曲而不貴直貴聚而不

貴散故水不亂灣灣則氣全水不亂聚聚

則氣會灣者不宜雜亂聚者須要深蓄以

湖作鎖以水定局○無幹不成龍無枝不成

穴古云、洋洋大水為關鎖關鎖裏面有真

龍真龍須要成星體星體只取金水土行○

曰水神皆偽術之邪說也其水神篇中

蕭客玄機四篇曰支壠曰洋突曰地龍

而出然自鬼避而神迎平洋與旨盡矣

窄依局立向坐向看前後之高低必收生

富者氣之厚依水立穴遠近審水面之寬
者〻麻孔

侯之貴眾水之會扞州立郡貴者氣之清
係〻視孔

腹可求二水交聚聚處結構四水之會公

漏龍穴眞若多滲洩非眞結一水曲流首

龍之水且怕分結穴之水必眞息不割不

間有一二可採之句予不忍没故為改
正而摘録之其諄謬者則削除之不留
以滋害也後覺子筆記

地理摘錦

凡入水鄉便向河路尋浜頭若浜頭有曲

抱灣兜有情處則為有穴方好去細覓若

河無浜頭或浜頭硬直無情則不結作不

必尋也

大江大河直流數十里或百里忽然大環

大轉此中必有大地經云百里直來臨有

曲曲中必定隱真龍蓋因外以知內也於

○○○○○○○○○○○○○○○○○○○○○○

此尋枝流必有好結作

○○○○○○○○○○○

藜照堂傳

家秘本

人知尋龍為認穴之根本不知認水乃尋

龍之捷徑○

大水近邊莫尋穴下後令人絕小水聚處

有奇踪扦着出三公○

取千頃之汪洋滙諸案外不若取一勺之

靈秀聚於穴中○

地有星體美醜者其形也地有精神衰旺

者其氣也○

楊公言空龍益以地實天空地必得天而

始結非舍實而竟言空也後幕師以空則

水入以水言龍猶楊公之言空也故幕師_{不是}

以水分枝幹尋龍乃是尋龍之捷法非實_{是尋龍之正法亦是捷}

以水為龍也_法

夫蟠乎空際行乎水中固皆有氣然必依

附於地而始發生

地以形而受天之氣天以氣而貫地之形

形靜而實氣空而動實非空無以發生空

非實無以依附天地生生之道其所以不

窮者皆此空實動靜相成之靈妙也

龍不取諸近舍父而求高曾呼籲其能應

乎水不管其私開室戶而固城門夜盜其

不入乎故引氣收龍總以本身真水口為

主所謂發機者是也因局定卦總以貼身

最近者為主所謂八尺者是也

穴者下乘地氣上受天陽者也廖氏有云一

地與天為正配益乾父坤母故穴必皆天

陽而始發生又云仰高之穴得天為多若

坐受水氣向受天氣

認其氣之所止以為定穴之的
〇一〇言〇破〇的〇〇

龍猶夫也水猶妻也 龍與水是真夫妻非抝字
〇〇〇〇〇〇 〇亦可言也

水中格水以辨水路之純駁 正哥以辨龍神之純駁
〇〇〇〇〇〇

以喜天陽也

地力大小以得天之多寡為斷此穴之所

地正體與天正對故其福力倍勝於憑高〇

天體覆而向下地氣仰而向上惟仰高得〇

憑高止得一面之天故憑高不若仰高蓋

蔡照堂傳

地有○天然○之○美○穴自○有○天然○之○正向

水長○則○煖緩○穴在○源頭○動處水短則氣微

　　　　　　　　　○言○小短○○○○○龍○頭○穴

穴在腹○中旺裡○

　○慈○珠○肘○停

遠近水動近水為的○

前後左右一邊活水一邊死水方能結作○

所嫌納甲之作用純氣不能化生○　獨陰獨陽

喜乘生旺之龍貴合元運之氣

　生旺即元運之生旺非元運之外別有生旺也

作穴須乘生氣有來氣有局煖當薰而收

之○

家傳三元地理秘書十三種

摘錦歌

龍得局兮局得龍。龍局同元勢更雄龍自

面来收穴後。一條秀水曲如弓。_{筆尖夾龍格抱歸 穴後止者}

人說浜底不足裁那知龍向此中回水源

聚處龍收處審局收龍擇吉揆 _{挨挨格 此是龍頭穴}

洛陽原是帝王都運轉燕京草木枯非是

山川有兩樣昔日靈光今日無 _{此言元運宜詳}

南方旺氣坎来清東北水歸坤局明水勢

聚西卯神秀上元真局慎調傳 _{上元 三元}

藜照堂傳

一五五

家秘本

東南水聚乾神雄西北汪洋巽氣通水若

四圍團聚緊中元黃局可相從○ 〔中元〕

震位淵渟是兌來坤方浩淼艮為胎壬癸

滔滔勢無比不作離龍作甚猜 〔下元〕

局運依元配洛書尤須登穴着高低務求

高處為朝案急讓低空穴後虛或水或低

三面護○丁財富貴大門閭○ 〔此言三堂四勢〕

此龍名號上天龍布散陽和宇宙中不但

御街能作相滿門孝義福無窮○ 〔坎〕

只看東北水光浮　墳有兜攔氣脈收遠曜

近星皆命聚上中二運樂優游　坤

兌方湖蕩水洋洋內氣兜收坎葬良百二

年華堆錦繡管敎四世慶源長　震

乾宮曲水四宮坎八十年中享大名若曉

運中安吉穴黑頭公相秉鈞衡　巽

震宮大水似滔天一滴元辰引穴邊此墳

及元稱第一家如金谷位高遷　兌

幕講禪師認水相局起例歌、

東南乾局西南艮東北為坤西北巽北離

西震兌因東南方水路坎山同四方相等

是中宮。遠近微茫鉄泰窮。

蔣公題幕師千里眼後

分明一穴有三堂識得三堂福自昌左右·

放空堂氣進若還夾實便為殃風吹太極。

丁財足腦後堆高定不祥須看來源尋起。

伏節節低低出脉強兩邊砂遠高方妙朝。

山聳特貴難量河水衝來須短潤如鎗如。

箭值房傷反飛斜跳皆堪怕金水為城不。

用商仍怕裏頭并瀲面個中玄妙細推詳。

幕師秘却三元訣恐有迷人問短長·

家秘本

吉凶水格歌

當面朝來是入懷朝貧暮富暢奇哉若還 〇

直射須廻避方正橫平照運裁 〇 曲來是朝
直來是射

無去無來為聚面況復灣環縈抱身此水 〇 此是池塘湖

名為最上格運來頃刻會飛騰 〇 沼之龍

穴後多纏名拱背定然發福最悠長世間 〇

多少名卿相坐水朝山大發祥 〇 此是騎龍格

吉水佳城有幾般廻流融瀦穴天然御街 〇

倉板并腰帶暗拱鳴珂總福田 〇

牽鼻衝心最可驚○裏頭射肋總傷人漏腮

穿背分流去○割脚淋頭禍即侵○

長子身亡為左穿○幼兒家破石腰攢明堂

若更來衝射仲子流離在眼前○

中原平地及湖鄉茫茫潤遠何相當此處

定穴只看水水遶灣環是穴塲○

若還舍水去尋龍四望皆平無定踪此是

空亡無氣脉莽來不久定遭凶○

水畜之鄉小成大○水卸之鄉大亦敗這叚

工夫妙入神〇古書讀盡無人戴〇